Martino Pedrozzi
Cigarrilhas
Dois meses no escritório de
Oscar Niemeyer
Romano Guerra
Editora

Cigarrilhas
Dois meses no escritório de Oscar Niemeyer
Martino Pedrozzi

Tradução para o português
    Angelo Bucci
Revisão de texto em português
    Noemi Zein Telles
Projeto gráfico e diagramação
    Sidi Vanetti
Coordenação editorial
    Abilio Guerra
    Silvana Romano Santos
    Fernanda Critelli
© 2022
1ª edição traduzida para o português
    Romano Guerra Editora
    Martino Pedrozzi

    Romano Guerra Editora
    Rua General Jardim 645 cj 31
    01223-011 São Paulo SP Brasil
    rg@romanoguerra.com.br
    www.romanoguerra.com.br

© 2020
1ª edição em italiano
Título original
Mini cigarillos.
Due mesi nello studio di Oscar Niemeyer
    LetteraVentidue Edizioni S.r.l.,
    Siracusa, Itália
    Martino Pedrozzi

    A reprodução ou duplicação
    integral ou parcial desta obra
    sem autorização expressa
    do autor e dos editores
    se configura como apropriação
    indevida dos direitos intelectuais
    e patrimoniais do autor.

Martino Pedrozzi

cigarrilhas

Dois
meses
no
escritório
de
Oscar Niemeyer

Tradução
do
italiano
por
Angelo Bucci

RG

Romano Guerra Editora
São Paulo, 2022

Terminada a faculdade, eu sabia: devia tomar uma iniciativa. Entro numa livraria e compro *Niemeyer, architetto e poeta*.[1] A ilustração na página 406 mostra o interior do seu escritório com a praia de Copacabana ao fundo. É ali que quero estar, penso. Consigo o número de telefone e chamo, peço para falar com ele. Oscar Niemeyer atende. O diálogo é breve e simpático, mas sem sucesso: no Brasil falta trabalho por conta de uma súbita crise econômica sobre a qual também leio nos nossos jornais. Culpo a crise e fico em paz.

O livro citado, aberto na página 406

Três anos depois, eu trabalhava como assistente de Kenneth Frampton. Um dia comento com ele sobre Niemeyer. Ele se entusiasma. Conta que a primeira monografia que comprou, aos vinte anos, foi *The Work of Oscar Niemeyer* de Stamo Papadaky.[2] Frampton decide ajudar e escreve-me uma carta para enviar a Niemeyer. Depois de dois meses, chega uma resposta: "Recebi seu fax e estou de acordo. Pode escolher dois meses, conforme sua conveniência, para trabalhar comigo. Peço apenas que me avises a data da viagem com uma semana de antecedência".
Estou nas nuvens.

Resposta quase indecifrável
de Oscar Niemeyer
enviada por fax

Rio, 10.06.1999

Para: Mr Martino Pedrozzi
Fax: 00.41.91. 942-1325
De: Oscar Niemeyer
Fax: 00.55.21.267-6388

Nos. de páginas (01) incluindo esta.

J'ai reçu ton fax et je suis d'accord. Tu peux choisir les deux mois de collaboration, comme tu veux. Je te pris de me renseigner la date de ton ... rt une semaine avant.

Cordialement,

Oscar Niemeyer

A caminho do embarque para o vôo ao Rio de Janeiro,
no *duty-free,* vejo uma caixa de madeira onde está escrito
Davidoff Mini Cigarillos. É idêntica àquela que, antes
de partir, havia me chamado a atenção numa fotografia de
Niemeyer. "Nunca se sabe", penso, e compro duas.
Três dias se passam. Já no seu escritório, havíamos acabado
de almoçar e, depois do café, era a hora do cigarro.
Terminaram! Niemeyer se desculpa. Era a deixa, ofereço-lhe
um dos meus. Niemeyer fica perplexo. Ele olha as cigarrilhas
e olha para mim, surpreso e contente. Fumamos com
gosto e quando é hora de voltar ao trabalho eu lhe dou a
caixa de presente.

Com Niemeyer. A caixa de cigarrilhas está sobre a mesa, à direita

Ele sugere que me hospede na Casa das Canoas. Está livre
e só é frequentada pelo pessoal de serviço e jardineiro.
Generosidade tocante. Bem que gostaria de aceitar,
mas chegar ali sem automóvel não é fácil. Agradeço.
Por conta própria, encontro um pequeno hotel ao lado do
escritório. Passam-se semanas. De repente, Niemeyer
se lembra do assunto e me pergunta, seriamente, como eu
havia me arranjado. Conto-lhe. Quer saber quanto me custa.
Não lhe digo. Insiste e me pede para escrever o valor
num pedaço de papel à nossa frente. Escrevo. Ele pega o
talão de cheques no bolso do paletó, transcreve o mesmo
valor, assina e me entrega o cheque.

Casa das Canoas, vista Sul

A universidade de Brasília é um edifício de 700 metros de comprimento. Niemeyer o projetou com peças pré-fabricadas que se repetem para racionalizar a construção. Também se repetem os quinhentos Centros Integrados de Educação Pública – Ciep's desenhados por ele nos anos 1980 em resposta à demanda de ampliar com urgência a rede nacional de ensino. A Casa das Canoas, por outro lado, não é replicável. Niemeyer me conta que a havia projetado considerando cuidadosamente as especificidades daquele lugar, com seu pequeno vale irregular e a imensa rocha que aflora. Recorda que Walter Gropius, quando visitou a casa, comentou: "É bonita, mas não reproduzível". Niemeyer sentencia: "Que medíocre". Aproveito que falávamos dos ilustres e pergunto-lhe: "E Mies?" E ele diz, secamente: "Repetitivo". É comum ver Niemeyer associado a Le Corbusier, no entanto, a partir de Brasília, considero mais relevante associá-lo a Mies van der Rohe.

Universidade de Brasília

Ele sempre desenha as curvas de seus projetos à mão livre. Então, cabe a seus colaboradores traduzi-la à linguagem técnica do projeto executivo. Para Niemeyer, a possibilidade plástica do concreto armado resulta da sua natureza líquida, enquanto a forma ortogonal decorre das vantagens das formas lineares da industrialização. Pergunto-lhe por que as quatro fachadas do Ministério da Justiça, em Brasília, são todas distintas. E ele, tranquilamente: "Para fazer diferente".

Para minha própria diversão: telhado da Casa das Canoas na escala 1:20, desenho meu para uma mesa de centro

Brasileiro, Niemeyer é apaixonado pelo futebol. Em seu escritório, no fundo de um nicho escuro, há uma televisão para assistir aos jogos. Um dia, ele comenta sobre seu projeto, preterido, para o Estádio do Maracanã, desenhado em 1941 aos 34 anos. Critica a forma que deu às arquibancadas, assimétricas, concentradas de um só lado: "É que havia me agradado solução similar num projeto de Le Corbusier e, também, o arco do seu Palácio dos Sovietes. Mais tarde, percebi que o futebol é uma festa coletiva e o campo do jogo deve ser o centro". Diz, complacente: "Você sabe, éramos jovens". Outro dia, assistíamos Alemanha e Brasil na Copa das Confederações. Pergunto à queima roupa: "Maradona ou Pelé?" Ele hesita um instante, depois diz: "Pelé". Penso comigo mesmo que discordo e acredito que, no fundo, a *instituição nacional* Oscar Niemeyer não poderia responder de outro modo.

Opposite page: views of the model showing the wealth of forms presented by the stadium and the four minor arenas. Below: view of the school grounds, and the well sheltered northern side of the stadium.

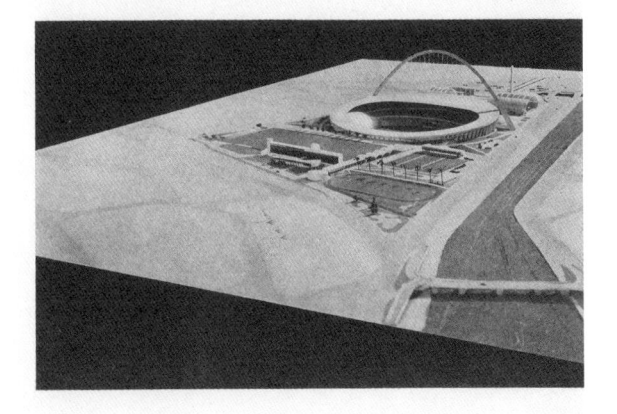

Página 47 de *The Work of Oscar Niemeyer*, o livro monográfico editado por Stamo Papadaki citado na página 6

Digo a Niemeyer que penso em visitar Brasília. Ele me diz que também precisaria ir por aqueles dias e que poderíamos fazer juntos a viagem em automóvel. Que maravilha: é o percurso de mil quilômetros que ele fez tantas vezes durante a construção da capital. Mas, afinal, aquela viagem acabaria não acontecendo. Sobre Brasília, ele me explica o quanto se equivocaram sobre as árvores recentemente plantadas ao longo do eixo monumental. Argumento que não seriam algumas árvores que comprometeriam a grandiosidade daquele espaço. Mas ele tinha razão. Basta comparar as fotografias recentes com as anteriores. Pois a vegetação reintroduz naquela esplanada abstrata, feita para ser a representação do país inteiro, uma feição local, típica de cerrado, específica do planalto central em que Brasília foi construída.

Esplanada monumental de Brasília, vista da Torre de TV

Niemeyer explica seus projetos como crônicas.
Conta como nasceram, em que contexto, quais eram os
personagens envolvidos, quais foram as dificuldades,
as escolhas que fez e o que se tornaram. Acompanhando
a fluência da fala, ele desenha como se ilustrasse a narração.
As palavras e imagens avançam ao mesmo tempo.
Guardo comigo, com todo cuidado, dezenas daqueles
croquis, agora mudos.

Seleção dos desenhos
mencionados

A revista japonesa *JA+U* realiza todo ano um concurso
internacional de projetos que tem como jurado um único e
célebre arquiteto. Em 1999, o papel cabe a Niemeyer.
O programa, por ele mesmo proposto, é um pequeno
teatro para duzentas pessoas numa praça de 100m x 40m.
Cada um dos 348 concorrentes entrega duas pranchas,
696 no total. Durante o julgamento, eu as disponho sobre
a mesa uma após a outra. Niemeyer me faz separar os projetos
que lhe interessam. Os outros ele descarta, movendo-os
um centímetro adiante num rápido golpe com os dedos.
Os efeitos gratuitos dos *renders* o incomodam: "Bobagens
assim só para impressionar as pessoas". Se um projeto trata
o espaço vazio da praça com um espaço residual, ele desabafa:
"Uma merda". Diz que o espaço vazio é arquitetura e
que uma praça se faz pela abundância de vazio. Depois de uma
sequência de projetos convencionais, ele declara resignado:
"A fantasia acabou". Culpa a educação desde a escola
primária. Mas então, se um projeto lhe agrada, ele se acalma
e usa palavras que, para um europeu, soam insólitas:
"Fantasia, bom gosto, mão livre, talento, sensualidade".

Examinando os projetos com Oscar Niemeyer

Tem início, em Niterói, a construção da praça Popular.
É um aterro de 500m × 200m ganhados do mar e pontuado por edifícios, tudo desenhado por Oscar Niemeyer.
Um desses prédios é o Memorial Roberto Silveira, em cujo projeto eu também trabalho. Certo dia, tendo em mente a quantidade que ele mesmo já havia desenhado, comento com malícia: "Sem dúvida no Brasil se fazem memoriais..."
e, ele, compreendendo a ironia, sussurra: "Tudo é trabalho".

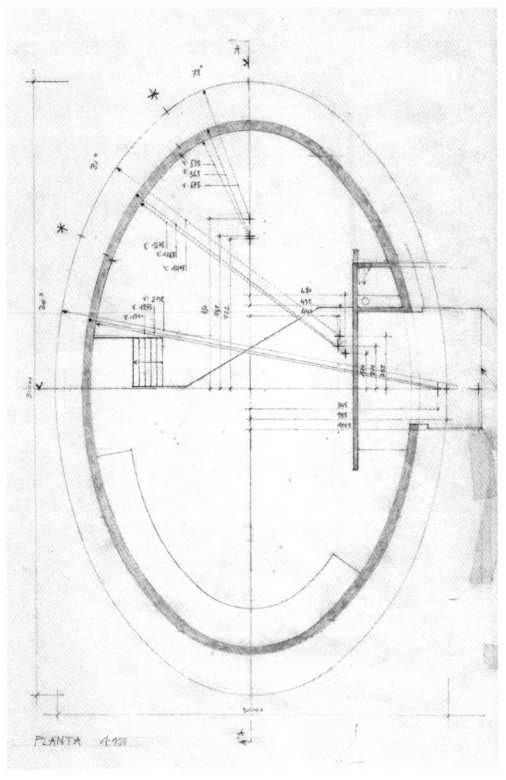

Planta do Memorial Roberto Silveira, um dos meus desenhos produzidos dentro do escritório de Oscar Niemeyer

É domingo e sou convidado para uma festa de família na
Fazenda do Bananal, que fica do lado oposto da Baía
da Guanabara. É um aniversário de criança. Niemeyer é avô
do avô do aniversariante. A fazenda é patrimônio histórico.
A casa toda térrea tem uma capela contígua. A partir da
varanda, levemente elevada, vislumbra-se um descampado
de inclinação suave. Há música, dançam e jogam bola
no gramado. Niemeyer e a mulher estão acomodados numa
poltrona na varanda. São casados há 71 anos. No meio do
alvoroço da festa, ele me leva até o final da varanda de onde
se vê três grandes rochas que afloram. "Sempre me pareceram
misteriosas – diz enquanto as mostra – desde quando
eu era menino".

Os pedregulhos no gramado voltados para o lado Sul da fazenda

Aos 91 anos, acaba de terminar de escrever seu primeiro romance. É uma crítica social intitulada *Diante do nada*. Ele me passa os originais, que diz ter escrito com todo cuidado, e pede minha opinião. Percebo a importância do assunto. Ainda durante a leitura, de vez em quando, ele me pergunta em que ponto estou, como para me arrancar um comentário; ou simplesmente se aproxima cautelosamente e pergunta: "Está mal?" Ao terminar, sou eu quem lhe pergunto: "Mas quando o protagonista diz que se a vida se degrada e a esperança foge do coração dos homens, resta apenas a revolução, ele quer dizer..." e imito com a mão uma pistola. Niemeyer acena de acordo. Passados uns dias, ele fala sobre política com um amigo e me aponta e, bem-humorado, diz: "Ele não gosta de briga".

Desenho de Oscar Niemeyer
na capa do manuscrito,
posteriormente publicado
pela Editora Revan, no
Rio de Janeiro, no final de 1999

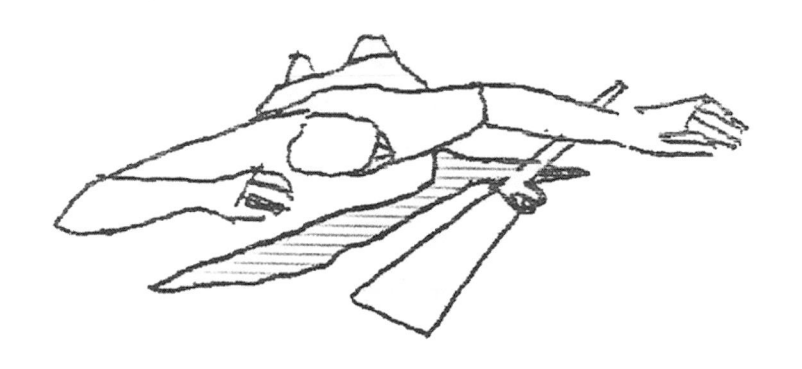

Niemeyer só fala inglês se for imprescindível. Não gosta da língua dos norte-americanos. Alguns dias antes da minha chegada ao Rio de Janeiro, Fidel Casto o visitou. Comigo ele fala em francês, a língua do seu exílio na França, Paris, durante o período da ditadura militar no Brasil. Na fazenda, sua sobrinha me perguntou se me ofendi quando ela me chamou de gringo. Disse que não. E ela emendou: "É porque Oscar me disse para não chamá-lo mais assim".

Primeira página do semanário *Folha de Niterói* datado de 2-8 de julho de 1999

Ele detesta voar. Não suporta o espaço apertado dos aviões: a cabine pressurizada, quase um submarino com asas. Por outro lado, adora os navios: pequenas cidades móveis, bases flutuantes sobre as quais se vive. Niemeyer cuida com rigor da sua autonomia, mesmo nos temas mais banais, por exemplo, quando revida se alguém lhe oferece ajuda para subir a escada. A sua figura me lembra os volumes acabados da sua arquitetura e aquelas rochas afloradas que o impressionaram a vida toda.

Inauguração do canteiro da praça Popular em Niterói

Às vezes eu o desenho. Sempre de perfil, para que não note. Observar a pessoa parece-me tão importante quanto estudar a sua obra.

Um desenho meu

Tenho vontade de compartilhar um pouco desta experiência
com alguém. Ainda que só para ter a companhia de alguém
nestas memórias quando os anos tiverem se passado.
Convido meus irmãos para virem ao Rio. Pergunto a
Niemeyer se posso lhes apresentar, como imaginava, contente
ele concorda. Nicola, que é médico e acaba de publicar um
livro de poemas, lhe dá de presente seu livro. Niemeyer
o folheia com atenção enquanto comenta que aprecia
a capacidade dos europeus de cultivar vários interesses ao
mesmo tempo, e comenta: "Você sabe, só arquitetura
é chato". Com Pietro, que estuda engenharia civil, não fala
apenas de construção: "Quando se passa a tarde com uma
mulher assim – e desenha uma mulher nua deitada – não se
pode fazer uma casa assim", esboça um retângulo.

Desenho ilustrativo de
Oscar Niemeyer

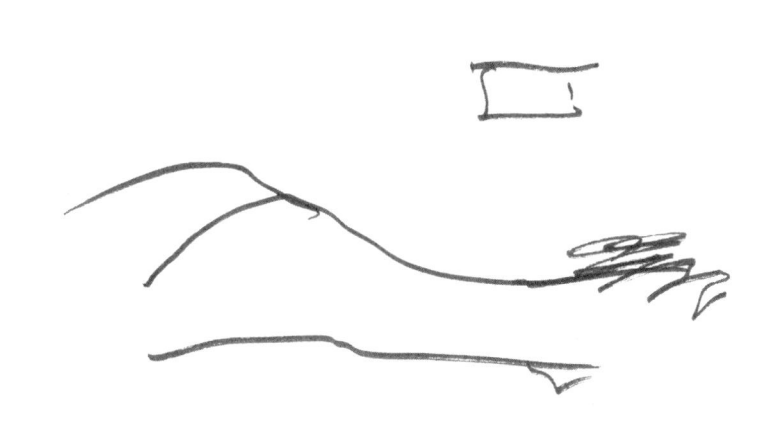

Ali, no seu escritório, o momento mais bonito é o almoço. A mesa está disposta ao lado de uma *bow-window* por onde se vê a boca da Baía de Guanabara. Ao meio-dia, a copeira estende uma toalha branca, põe a mesa e serve o almoço. Depois que todos terminam a refeição, a gente se relaxa nas cadeiras com um cinzeiro cada um e fumamos enquanto conversamos. Mas, se o diálogo fica aborrecido Niemeyer muda imediatamente de assunto e lança perguntas como: "Por que os dinossauros desapareceram? O que desencadeou o *big-bang*?" Às noites de quinta-feira, reúne-se com um grupo de amigos e organiza pequenas palestras seguida de um jantar ali mesmo em seu escritório. Convida conferencistas de diversas áreas, conforme seu interesse. Astrofísica foi a que assisti.

Interior do escritório

Ele me conta que, quando era menino, a sua família tinha uma pequena casa no mesmo lugar onde hoje está o edifício do seu escritório e que a praia era muito mais larga. Naquela época, havia conchinhas peculiares na areia que já não se encontram mais. Num dia de sol, ele me diz: "Em seu lugar eu agora estaria na praia". Ele não sabe, mas à areia de Copacabana, prefiro o pavimento do passeio público desenhado por Roberto Burle Marx, por onde caminho ida e volta quase todas as noites: três quilômetros num sentido e três no outro.

Praia de Copacabana durante o dia, vista do escritório;
e durante a noite, vista do promenade

Já há alguns dias faz um frio insólito no Rio de Janeiro, chuva e vento. Copacabana está deserta. Niemeyer trabalha no seu lugar ali, que é como uma toca, penumbra e aconchegante. Está cercado de objetos pessoais como um violão, um retrato de Luís Carlos Prestes, uma foto de Lucien Clergue, muitos livros, um pequeno sofá para as visitas. Há também um leitor de CD e um disco com suas músicas favoritas gravadas. Dos títulos, escritos à mão sobre a capa, lembro apenas *La Bohème*, de Charles Aznavour.
A cada tanto, ele levanta e caminha para fora do seu refúgio em direção ao espaço principal do escritório, tão luminoso que parece externo. "Tempo feio", comento. E Niemeyer: "Não, é só diferente".

Uma guitarra, o sofá e o retrato de
Luís Carlos Prestes

A fotografia de Lucien Clergue

Nos sentamos no banco de trás da sua pequena Mercedes
branca. Niemeyer é tão pequeno que sua cabeça não sobressai
acima do encosto. Amaro, seu motorista da vida toda,
tem uma casa que lhe deu Niemeyer. Passamos toda a tarde
na periferia do Rio. Ele visitou uma escola de arquitetura
num bairro pobre para se encontrar com os estudantes.
Chove. Escuta-se apenas o ruído do motor e dos pneus
rodando sobre o asfalto molhado. Niemeyer está de
um lado, eu do outro, olhamos compenetrados para fora.
Estou contente por estarmos a caminho de volta. De repente,
ele se vira e diz: "Adoro voltar ao escritório".

O bloco de apartamentos, com o escritório na cobertura

Oscar Niemeyer no portão de entrada

Creio que a generosidade e a melancolia de Oscar Niemeyer
têm a mesma origem: a consciência de que afinal passaremos.
De vez em quando ele fica em pé diante da grande janela,
sozinho com as mãos nos bolsos. Seu rosto tão perto do
vidro que o faz desaparecer. Olha a paisagem como um todo,
não se fixa num lugar específico ou num evento em especial.
Se ele não fosse ateu, diria que observa a criação.
Naqueles momentos, o velho Niemeyer parece observar
o mundo como se fosse uma representação prestes a acabar.

E logo se vão meus dois meses no seu escritório.
Victoria vem da Argentina ao meu encontro e eu lhes apresento. É linda. Niemeyer, feliz, me pergunta se nos conhecemos no Rio. Ele tinha o palpite que sim. Divertimo-nos ao contar que nos encontramos meses antes, na Suíça, na escola onde ela estuda e eu ensino.

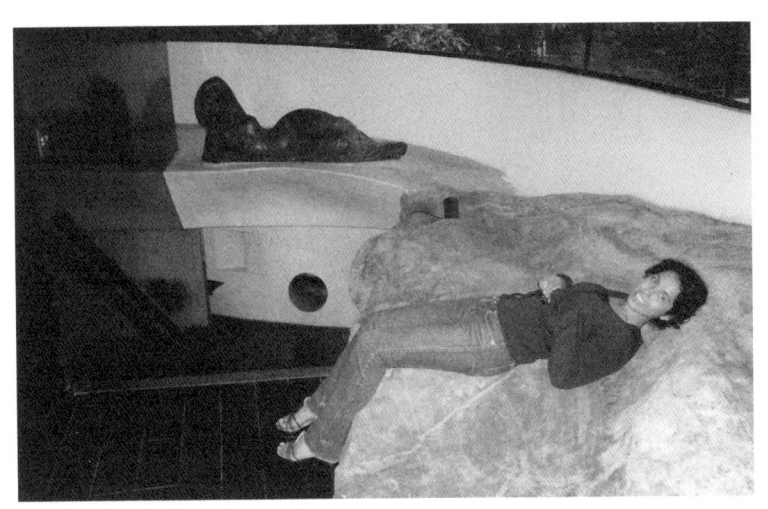

Victoria na Casa das Canoas

No mesmo dia, partimos em ônibus para Pampulha, depois Brasília, São Paulo e, de novo, Rio de Janeiro. Em Brasília, nos recebe um amigo de Niemeyer, graças a ele pudemos visitar o Palácio do Alvorada, a residência presidencial. Ali, na guarita, entregamos os documentos e esperamos que passasse uma fila de automóveis: sai Fernando Henrique Cardoso, então nós entramos. Naqueles espaços puros desenhados por Niemeyer, chama a nossa atenção alguns objetos da família como uma bicicleta com rodinhas ou os brinquedos de plástico colorido à beira da piscina. Visitar a capela do palácio me fez lembrar de quando ele me contou que pensou em colocá-la ao lado da varanda em direta relação com sua memória da Fazenda do Bananal.

A fazenda da família no Bananal

Entrada da capela
do Palácio da Alvorada

De volta ao Rio, passamos no seu escritório para agradecer e nos despedir. Ao nos saudarmos, ele diz: "Foi um enorme prazer a sua presença". Fico comovido. Então, em seu livro de memórias, *As curvas do tempo*,[3] ele escreve a dedicatória: "Para Martino, um abraço esperando vê-lo outra vez. Oscar". Um desejo, também meu, que não se realizaria.

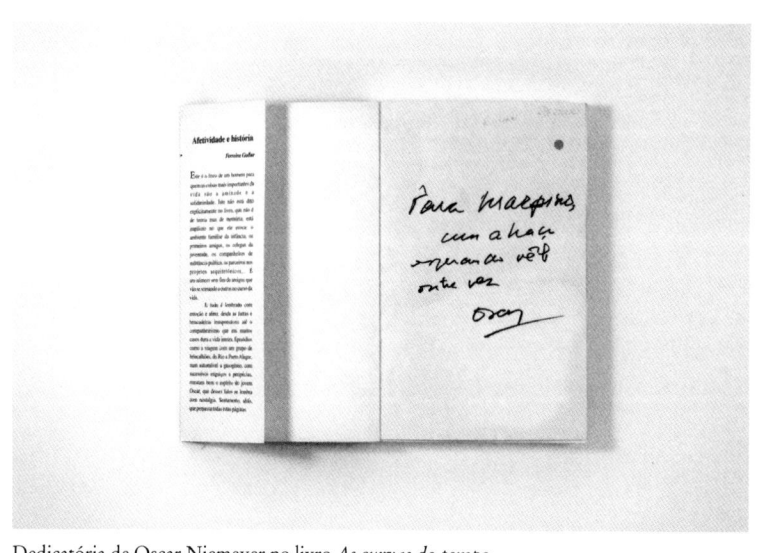

Dedicatória de Oscar Niemeyer no livro *As curvas do tempo*

Notas

1
Edição italiana de:
Jean Petit
Niemeyer, poeta da arquitetura
Lugano, Fidia edizioni d'arte, 1995

2
Stamo Papadaky
The Work of Oscar Niemeyer
Nova York, Reinhold, 1950

3
Oscar Niemeyer
As curvas do tempo
Rio de Janeiro, Revan, 1998

Crédito de imagens
Arquivos
    Martino Pedrozzi
    p. 7, 21, 25, 29, 31, 35, 53
    Pietro Pedrozzi
    p. 37
Fotografias
    Erwin Viray
    p. 9, 23
    Martino Pedrozzi
    p. 11, 13, 15, 19, 27, 33, 39, 41, 43, 45, 46, 49, 51 (acima)
    Victoria Diaz Saravia
    p. 51 (abaixo)
Publicações
    Jean Petit, *Niemeyer, architetto e poeta*
    Lugano, Fidia edizioni d'arte, 1995
    p. 5
    Stamo Papadaky, *The Work of Oscar Niemeyer*
    Nova York, Reinhold, 1950
    p. 17
    Oscar Niemeyer, *As curvas do tempo*
    Rio de Janeiro, Revan, 1998
    p. 53
Nota sobre o autor
    Martino Pedrozzi (Zurique 1971) é arquiteto,
    com escritório em Mendrisio, e professor
    na Accademia di architettura, Università della
    Svizzera italiana.
    É autor dos livros: *Il lido di Ascona di
    Livio Vacchini. Una teoria del giunto*
    (Bellinzona, Casagrande, 2017); *Casualità
    e disegno. Edilizia residenziale e spazio pubblico
    a Lugano* (Bellinzona, Casagrande, 2020);
    *Mini Cigarillos. Due mesi nello studio di Oscar
    Niemeyer* (Siracusa, Letteraventidue, 2020);
    e *Perpetuare architettura. Gli interventi
    di Martino Pedrozzi sul patrimonio rurale
    in Valle di Blenio e in Val Malvaglia 1994–2017*
    (Zurique, Park Books, 2020). Também é autor
    da coleção online: www.primavera2020.ch

Conselho Editorial
Abilio Guerra, Adrián Gorelik, Aldo Paviani, Ana Luiza Nobre, Ana Paula Garcia Spolon, Ana Paula Koury, Ana Vaz Milheiros, Ângelo Bucci, Ângelo Marcos Vieira de Arruda, Anna Beatriz Ayroza Galvão, Carlos Alberto Ferreira Martins, Carlos Eduardo Dias Comas, Cecília Rodrigues dos Santos, Edesio Fernandes, Edson da Cunha Mahfuz, Ethel Leon, Fernanda Critelli, Fernando Luiz Lara, Gabriela Celani, Horacio Enrique Torrent Schneider, João Masao Kamita, Jorge Figueira, Jorge Francisco Liernur, José de Souza Brandão Neto, José Geraldo Simões Junior, Juan Ignacio del Cueto Ruiz-Funes, Luís Antônio Jorge, Luis Espallargas Gimenez, Luiz Manuel do Eirado Amorim, Marcio Cotrim Cunha, Marcos José Carrilho, Margareth da Silva Pereira, Maria Beatriz Camargo Aranha, Maria Stella Martins Bresciani, Marta Vieira Bogéa, Mônica Junqueira de Camargo, Nadia Somekh, Otavio Leonidio, Paola Berenstein Jacques, Paul Meurs, Ramón Gutiérrez, Regina Maria Prosperi Meyer, Renato Anelli, Roberto Conduru, Ruth Verde Zein, Sergio Moacir Marques, Vera Santana Luz, Vicente del Rio, Vladimir Bartalini

Ficha catalográfica:
Pedrozzi, Martino
Cigarilhas. Dois meses no escritório
de Oscar Niemeyer/Martino Pedrozzi;
tradução Angelo Bucci
São Paulo, SP:
Romano Guerra Editora, 2022.
56 p. il.
Título original: Mini cigarillos. Due mesi
nello studio di Oscar Niemeyer
ISBN: 978-65-87205-11-3
1. Niemeyer, Oscar 1907-2012
2. Arquitetura Moderna – Ensaios
3. Arquitetos - Brasil
4. I. Título
CDD 724.981
Ficha catalográfica elaborada pela
bibliotecária Dina Elisabete Uliana
CRB-8/3760